essentials

Essentials liefern aktuelles Wissen in konzentrierter Form. Die Essenz dessen, worauf es als „State-of-the-Art" in der gegenwärtigen Fachdiskussion oder in der Praxis ankommt. Essentials informieren schnell, unkompliziert und verständlich.

- als Einführung in ein aktuelles Thema aus Ihrem Fachgebiet
- als Einstieg in ein für Sie noch unbekanntes Themenfeld
- als Einblick, um zum Thema mitreden zu können.

Die Bücher in elektronischer und gedruckter Form bringen das Expertenwissen von Springer-Fachautoren kompakt zur Darstellung. Sie sind besonders für die Nutzung als eBook auf Tablet-PCs, eBook-Readern und Smartphones geeignet.

Essentials: Wissensbausteine aus Wirtschaft und Gesellschaft, Medizin, Psychologie und Gesundheitsberufen, Technik und Naturwissenschaften. Von renommierten Autoren der Verlagsmarken Springer Gabler, Springer VS, Springer Medizin, Springer Spektrum, Springer Vieweg und Springer Psychologie.

Robert Hettlage

Das Prinzip Glück

 Springer VS

Robert Hettlage
Universität Regensburg
Regensburg
Deutschland

ISSN 2197-6708 ISSN 2197-6716 (electronic)
essentials
ISBN 978-3-658-08012-9 ISBN 978-3-658-08013-6 (eBook)
DOI 10.1007/978-3-658-08013-6

Die Deutsche Nationalbibliothek verzeichnet diese Publikation in der Deutschen Nationalbibliografie; detaillierte bibliografische Daten sind im Internet über http://dnb.d-nb.de abrufbar.

Springer VS

Gedruckt auf säurefreiem und chlorfrei gebleichtem Papier

Springer Fachmedien Wiesbaden ist Teil der Fachverlagsgruppe Springer Science+Business Media
(www.springer.com)

happiness is not destiny. It is a way of life

Inhaltsverzeichnis

Einige Vorüberlegungen

Viele Menschen führen über weite Strecken ihres Lebens keine glückliche, wenn nicht sogar eine unglückliche Existenz. Das scheint uns empirisch bestens abgesichert zu sein. Um glücklich zu sein, muss man schon eine Menge Glück haben. Es ist jedenfalls eine weit verbreitete Meinung, dass das Glück einen überrascht wie ein Lottogewinn. Der Einsatz ist oft relativ gering, das Ergebnis lässt auf sich warten, aber man darf die Hoffnung nie aufgeben. Ob der Glücksfall dann auch wirklich eintrifft, wissen wir nicht. Erzwingen können wir ihn jedenfalls nicht. Ob wir dann richtig glücklich werden, wissen wir schon gar nicht. Wir sind aber guten Mutes, dass uns dann, wenn uns keiner mehr vor der Sonne stünde, dazu schon etwas Zufriedenstellendes einfallen würde. Hinter dieser Zuversicht kündigt sich implizit eine wichtige Unterscheidung an. Im Allgemeinen wissen die Menschen sehr wohl zwischen dem zufälligen, „äußeren" und dem das ganze Leben umfassenden „inneren" Glück oder „Wohlergehen" zu unterscheiden. Endlich einmal „gut leben" zu können, schöpft offenbar die Bedeutung dessen, was ein „gutes Leben" beinhalten müsste, nicht aus. Auch ohne die klassische Philosophie zu Hilfe zu nehmen, umkreisen somit auch die weniger Nachdenklichen einen Sachverhalt, den man in der philosophischen Tradition mit der Unterscheidung von *fortuna* und *beatitudo* auf den Begriff zu bringen versuchte.

Noch gesättigter durch Alltagserfahrung ist die Überzeugung der meisten Menschen, dass dem Glück zeitliche Grenzen gesetzt sind. Auch der Reiche, der Prominente und der Mächtige müssen einmal sterben – und bekanntlich hat das „letzte Hemd keine Taschen". Die spätmittelalterlichen Darstellungen des Totentanzes legen davon ein eindrückliches Zeugnis ab. Aber nicht einmal innerhalb der Lebensspanne eines jeden kann man wohl mit einem *dauerhaften* Glück rechnen. Manche

© Springer Fachmedien Wiesbaden 2015
R. Hettlage, *Das Prinzip Glück*, essentials, DOI 10.1007/978-3-658-08013-6_1

halten es – der Fabel von den sauren Trauben folgend – gar nicht für erstrebens-
wert, weil ihnen das Leben dann zu eintönig vorkäme. Aber die meisten würden
dieses Risiko doch gerne auf sich nehmen, wenn das unverdiente „Schweineglück"
in Form von Geld, Erfolg, Macht oder sonstigen Gütern bei ihnen vorbeischauen
würde.

Die tiefere Frage ist allerdings, ob man Anstrengungen unternehmen kann (und
soll), um glücklich *zu sein* und nicht nur Glück *zu haben*, ja ob man überhaupt
glücklich sein kann, auch ohne Glück zu haben (Marie von Ebner-Eschenbach).
Dafür müsste man aber schon genauer wissen, was das Glück eigentlich ist, wie
man es erlangt, wie man es bewahrt und an welche subjektiven und sozialen Vorbe-
dingungen und Anforderungen es geknüpft ist. Daraus wird ersichtlich, dass Glück
wohl auch etwas mit Erwartungen und Mentalitäten, mehr noch hingegen mit re-
flektierter Lebensplanung und geeigneter Lebensführung zu tun hat. Jedenfalls ist
das Bekommen und Haben in der Glücksfrage wohl weniger sicher als das beharr-
liche Handeln und Erarbeiten (Aristoteles EN I, S. 10). Je nachdem, wie man sein
Leben in die Hand nimmt, wachsen (oder schwinden) die Chancen, etwas Vernünf-
tiges oder wenigstens Tragfähiges daraus zu machen. So gesehen wäre Glück eine
Art rechtzeitige oder vielleicht lebenslange Vorbereitung auf „Gelegenheitsstruk-
turen", die den ganzen Lebensernst des Menschen fordern, oder – wie Novalis es
zuspitzte – das „Talent für das Schicksal". Das ist eine seit Jahrhunderten genährte
Auffassung, in der die Philosophen und Theologen mit dem Alltagsverstand vieler
Menschen übereinstimmen. Da schon die alltäglichsten Entscheidungen Gewich-
tungen im Leben verlangen, konzentriert sich das „gute Leben" aber nicht nur auf
ein spezifisches Wissen, sondern auch auf eine Handlungspraxis, die auf die letzten
Orientierungen der Lebensgestaltung abzielt. Eine solche Praxis ist aber nicht irr-
tumsresistent und passgenau zu haben, sondern muss im Ausgleich mit den Erwartungen und Handlungen anderer immer wieder neu eingerichtet werden.

Was es mit diesem „großen", vernunftgesteuerten Glück, also mit dem „Gold
der Seele" (Plato) auf sich hat, soll im Folgenden in groben Strichen umrissen
werden.

Glück als Prinzip?

2

Die Formulierung „Glück als Prinzip" lässt den erfahrenen Leser an die bekannten Bücher von Ernst Bloch (Das Prinzip Hoffnung 1973) und Hans Jonas (Das Prinzip Verantwortung 1984) denken, die sich ebenfalls auf sehr grundsätzliche Fragen des menschlichen Lebens richten. Beide sagen aber nichts darüber, was es mit dem Terminus „Prinzip" auf sich hat.

Unter Prinzip wurde von der antiken bis zur neuzeitlichen Philosophie ein Ausgangs- oder Endpunkt bzw. eine Grundlage (archê) verstanden, von dem anderes in seiner Entwicklung oder Zielrichtung abhängt und ursächlich beeinflusst wird. Dabei werden verschiedene Ebenen unterschieden (vgl. Ros 1989, S. 173 ff.):

- *Seins- und Erkenntnisprinzipien*: was ontologischen Vorrang hat, kann im Erkennen durchaus „später" erfolgen, da jede Erkenntnis sich zunächst einmal der Sinne bedienen muss (Aristoteles);
- *Logische Prinzipien* (Axiome), von denen Schlussfolgerungen ihren Ausgang nehmen;
- *Wert- und Handlungsprinzipien*: Erstere leiten die praktische Vernunft in Fragen des Sollens (z. B. die Goldene Regel) an. Letztere berücksichtigen bei der Umsetzung der Wertprinzipien im Alltag, dass der zu erreichende Zweck einen beträchtlichen Tribut an die historisch-soziale Verankerung der Menschen zu zahlen hat.

Diese Unterscheidung ist für die Glücksthematik bedeutsam:

© Springer Fachmedien Wiesbaden 2015
R. Hettlage, *Das Prinzip Glück*, essentials, DOI 10.1007/978-3-658-08013-6_2

2.1 Die platonisch-aristotelische Tradition

Ob Glück ein Wert- oder Handlungsprinzip ist, lässt sich von verschiedenen Seiten her durchdenken. Als Wertprinzip ist das Glück traditionellerweise Gegenstand der Glücksphilosophie. Sie befasst sich seit der Antike damit, was es inhaltlich bedeutet, wenn Menschen ihr Leben auf das Glück als hohes Gut und als verpflichtende Norm ausrichten. Das ruft nach einer Seinsbestimmung des Menschen. Philosophen, sofern sie sich noch als Metaphysiker verstanden, hatten im Gegensatz zu den Sprachanalytikern und den empirisch verfahrenden Sozialwissenschaftlern bemerkenswert wenig Probleme damit festzulegen, was das „Menschsein" seinem Wesen nach ausmacht. Meist bediente man sich der platonisch-aristotelischen Vorarbeiten, wonach Menschen vernunftbegabte, geistige, freie und reflexionsbefähigte Wesen seien, deren höchstes Glück (eudaimonia) es sein müsse, dieser Wesensbestimmung zu seiner höchsten Erfüllung zu verhelfen. Glücken kann der Mensch nur, wenn er sein Leben so durchgängig als „animal rationale" führt, dass er aus diesem Programm nicht mehr herausfallen kann, wenn also Seins- und Erkenntnisprinzip zusammenfallen. Das ist in diesem unbeständigen Leben (der Sphäre des „Werdens") nicht oder nur annäherungsweise zu erreichen. Theoretisch ist es aber der Fall, wenn man – mit Begriffen der platonischen Tradition gesprochen – zur Anschauung der höchsten Ideen des Wahren, Schönen und Guten gelangt. Sie sind ontologisch so vereinnahmend, dass man sich von dieser beseligenden „Schau" (visio beatifica) schlechterdings nicht mehr entfernen kann.

Der Aufstieg in diese Sphäre des „Seins" und Erkennens gelingt den „Sterblichen" aber nur unter großen Mühen und dann nur schrittweise. Man muss eben eine Haltung der Selbstkontrolle (hexis) einüben, die man Tüchtigkeit oder Tugend (arete) nannte. Hier wird der Zusammenhang von Glück und Tugend offensichtlich: Man darf sich nicht in ungute Abhängigkeit von äußeren Gütern bringen. Das tiefe Glück und Vergnügen der Seelenruhe hat zur Voraussetzung, dass man nicht nach (falschen) Gütern sucht, sondern sich von schwankenden Bedürfnissen – ebenso wie von Angst und Leid (so Epikurs angeblicher „Hedonismus") – weitgehend frei macht.

Die Argumentation des Aristoteles nimmt diese Gedanken auf. Er versucht in seiner „Nikomachischen Ethik", sie durch Fragen nach den verschiedenen Gütern und Arten des Glücks zu differenzieren. Das menschliche Streben richtet sich auf Güter, die jeweils einen spezifischen Beitrag zur Erfüllung dieses Strebens, also auch zum Glück leisten. Es gibt verschiedene Güter, die kombinierbar sind. Manche dieser „Glücksgeschenke", wie etwa die körperlichen (Gesundheit) und die äußeren (Wohlstand), sind gut und nötig, aber nicht hinreichend für die Befriedigung der Glückssuche. Die seelischen Güter (Erziehung, Moral etc.) hingegen sind nötig und hinreichend. Man muss sich also vorwiegend für die richtigen Güter (bona) anstrengen, um dauerhaft glücklich zu werden. Von der Qualität der Güter her bestimmen sich folglich die Art und der Zeithorizont des zu erwartenden Glücks: seien es momentane Glückserlebnisse und Erinnerungen oder sei es die Zufriedenheit mit Bereichen des Lebens oder mit dem Leben insgesamt. Als Beurteilungsmaßstab für die Qualität des Glücks kann man sich entweder auf Emotionen (Affekte) und subjektive Glückserfahrungen verlassen und/oder nach einer objektivierbaren Außenperspektive suchen. Diese ist in den äußeren Standards von Exzellenz/Tüchtigkeit) und rationaler (d. h. vernunftgemäßer) Lebensplanung zu suchen. Einige Menschen können diesen Kriterien in höherem Ausmaß entsprechen; für „die Vielen" dürfte es aber kaum zutreffen. Kant – gut 2000 Jahre nach Aristoteles – will sich in seiner Ethik deshalb überhaupt nicht auf Güter, Talente oder Tugenden verlassen, sondern setzt auf die Intentionen der Handelnden: Allein gut ist der gute Wille.

2.2 Die christliche Deutung der Antike

In der christlichen Tradition wurden Platon und Aristoteles religiös umgedeutet. Der Aufstieg zur Seligkeit (des Paradieses) liegt, was die Zielordnung anbelangt, in der dem Menschen geoffenbarten Möglichkeit, Gott nahe zu kommen, sich als homo novus mit ihm zu vereinigen. Das ist die vollkommenste Seinsweise des Menschen. Sie zu erreichen ist voraussetzungsreich. Denn einerseits müssen die Menschen sich in ihrem Alltag Gott unterstellen. Sie müssen sich bemühen, ein gottgefälliges, tugendhaftes Leben zu führen, also die Gesetze Gottes (z. B. die 10 Gebote) zu beachten. Das ist durchaus mit Härten gegen sich selbst und seine Leidenschaften oder Impulse verbunden und kann oberflächlichen Zufriedenheitsvorstellungen diametral entgegenstehen. Auf der anderen Seite bedarf die „schwache Kreatur" des ständigen göttlichen Entgegenkommens (d. h. seiner Gnade). Wie die Gnade und die „Werke" ins Verhältnis zu setzen sind, hat den christlichen Konfessionsstreit seit 1517 zu weiten Teilen beherrscht. Andere Weltreligionen kennen ähnliche Konzepte vom menschlichen Aufstieg zur höchsten Vollkommenheit des Seins und der Erkenntnis, auch wenn sie einen jeweils anderen Gottesbegriff haben und sich auf andere Heilige Schriften beziehen.

Für die von christlichen Glaubensvorstellungen inspirierte Sozialethik (vgl. Utz 1958; Messner 1966) stellte sich das Problem, wie ein solches verpflichtendes Streben nach Glückseligkeit in der Gesellschaft auf „menschliche" Weise zu organisieren sei – oder: wie gesellschaftliches Zusammenleben als Ganzes glücken kann. Am Anfang steht das Postulat, dass Wertprinzipien in Verhaltensregelungen umzuformulieren sind. Denn jenseits aller abstrakten Betrachtung über den Menschen und das Glück als solche ist ja davon auszugehen, dass die konkreten Men-

schen mit ihren jeweils gegebenen Verhältnissen zielführend umgehen müssen –
auch wenn sie „im Prinzip" nach dem großen Glück streben. Menschen sind eben
unterschiedlich begabt, trainiert oder willens, sich auf den voraussetzungsreichen
Weg zur beatitudo zu machen, nicht zu reden von den differenzierten sozialen Voraussetzungen wie Status, Macht, Reichtum, die die Spannweite der Lebenschancen
beträchtlich beeinflussen. Einige sind gut ausgestattet mit „Dienstgütern", die das
Streben nach Glück erleichtern, andere hingegen sind „minder bemittelt". Einige
sind asketische Naturen, die sich über materielle Voraussetzungen erheben können, andere können der rigiden Selbstbegrenzung wenig abgewinnen; einige lieben
die abstrakte Sphäre der Wesensbetrachtung, anderen bleibt sie gänzlich fremd.
Hier liegen jeweils harte Grenzen der Beeinflussung und der Kurskorrektur. Au-
ßerdem widerspricht es unserem Verständnis von menschlichem Leben, sollten wir
von irgendeiner Instanz zum Glück gezwungen werden. Ein solcher Versuch der
„Zwangsbeglückung" gebiert in der Regel Ungeheuerliches (was nicht besagt, dass
gerade dies in der Geschichte utopischer Lebensentwürfe, religiöser Unterwerfun-
gen oder sich areligiös gebender Diktaturen nicht immer wieder versucht wurde).

Deswegen hat es in der Sozialphilosophie eine gewisse Tradition, zwischen der
Ebene der Wertprinzipien und der Handlungsebene (Handlungsprinzipien) zu unterscheiden. Beide müssen in Einklang gebracht werden. Prinzipien sind „abgeho-
ben" und für die Handelnden irrelevant, wenn sie nicht die Chance haben, steuernd
in den Entscheidungsvollzug der Menschen einzuwirken. Die allgemeine Wertver-
pflichtung (z. B. der kategorische Imperativ, dass das Gute zu tun ist) darf nicht
an der Komplexität sozialer Situationen (Praxis) scheitern und sich in Beliebigkeit
auflösen. Umgekehrt darf das freie Handeln nicht überspielt werden, so dass das
Risiko der Wertverfehlung nolens volens in Kauf genommen werden muss. Man
kommt einfach nicht darum herum, dass die Individuen selbst – trotz aller Erziehung – für ihren jeweiligen Lebensentwurf geradestehen müssen. Sie müssen ihren
Alltag handelnd bewältigen, und das heißt auch: ihre Lebensperspektive gesell-
schaftlich aushandeln. Also müssen sie auch „ihre Façon", ihren Weg zum Glück
finden, ohne auf Orientierungsmaßstäbe gänzlich verzichten zu können. Das stellt
heute ein großes Problem für den sich nunmehr gänzlich wertplural und in der
Tendenz beliebig gebenden gesellschaftlichen Diskurs dar.

Glück als „Handlungsprinzip" heißt in dieser Denktradition, dass der sicher-
ste Weg zur menschlichen Anstrengung auf dem Weg zur Glückseligkeit in einer
gewissen Doppelspurigkeit besteht: Die Energien, die die Menschen dafür ein-
setzen, um „ihr Glück" in diesem Leben zu finden, müssen so gebündelt werden,
dass sie die Wertprinzipien nicht verraten. Das ist der Doppelnatur des Menschen
als impulsiv-reflexives, individuell-soziales, körperlich-geistiges, selbstgesteuert-
fremdgeleitetes, selbst- und fremdbezogenes Wesen geschuldet. Der Weg über die
individuelle, freie Bestimmung des jeweiligen Glücks ist deswegen eine Art „pro-
duktiver Umweg" zum allgemeinen, menschlichen Glück der Seele.

Die europäische Moderne und die empiristische Versuchung

3.1 Die nachmetaphysische, verfahrenstechnische Glücksbestimmung

In der modernen europäischen Kulturgeschichte ist diese Perspektive weitgehend systemfremd geworden. Denn die religiöse Einbindung der Weltanschauung hat stark an Zustimmung eingebüßt. Im „nachmetaphysischen" Zeitalter schrumpft die inhaltlich-materiale Rationalität (des Glücks) zur formalen „insofern, als die Vernünftigkeit der Inhalte zur Gültigkeit der Resultate verflüchtigt. Diese hängt von der Vernünftigkeit der Prozeduren ab, nach denen man Probleme zu lösen versucht" (Habermas 1989, S. 42). Rechtssystem, wissenschaftliche Diskursgemeinschaft und demokratische Ordnung sind die einzigen Garantien der Vernunft. „Als vernünftig gilt nicht länger die in der Welt angetroffene oder die vom Subjekt entworfene bzw. aus dem Bildungsprozeß des Geistes erwachsene Ordnung der Dinge, sondern die Problemlösung, die uns im verfahrensgerechten Umgang mit der Realität gelingt. Die Verfahrensrationalität kann eine vorgängige Einheit in der Mannigfaltigkeit der Erscheinungen nicht mehr garantieren" (Habermas 1989, S. 42 f).

Die traditionale Verklammerung zwischen Diesseits und Jenseits ist gelöst. Für die moderne Wissenschaft war „Gott" anfangs noch eine mögliche Hypothese, später nur noch eine Leerstelle. Seither versucht das Erkenntnisprogramm gänzlich ohne den Verweis auf eine transzendente Sphäre auszukommen (*„etsi deus non daretur"*). Für die Behandlung der Glücksthematik zeigt dieses „Als ob" weitreichende Folgen. Denn von nun an kann Glück nur noch immanent bestimmt werden. Es wird nicht mehr durch den Verweis auf eine transzendente Vollkommen-

© Springer Fachmedien Wiesbaden 2015
R. Hettlage, *Das Prinzip Glück*, essentials, DOI 10.1007/978-3-658-08013-6_3

heit und durch „seinsgerechte" (Hyper −)Güter (Charles Taylor) beschrieben, von denen das diesseitige Leben seinen Maßstab erhält. Glücksgüter sind jetzt solche, auf die sich Menschen in der ganzen Mannigfaltigkeit ihres Strebens und Sehnens ausrichten, welche dies in concreto immer seien. Die Soziologie bringt das auf die Formel, dass Glück empirisch immer das sei, was die Menschen im sozialen Austausch als solches definieren. Und da verpflichtende Wertprinzipien, die den vernunftgeleiteten Willen steuern könnten (zumal sie als unerkennbar oder als sozial irrelevant gelten), rar sind, bleibt kein anderes Verfahren mehr übrig, als die individuelle Sinnsuche zum einzigen Handlungsmaßstab für das Glück zu erklären. Bezeichnend dafür sind die Arbeiten zur Glückssoziologie und -psychologie.

3.2 Glücksforschung in den empirischen „Menschenwissenschaften"

Glück ist das, was Menschen im sozialen Verkehr durchsetzen und was sie als Glücksempfinden dabei registrieren (Zufriedenheit). Der letzte Bezugspunkt der Sinnhaftigkeit allen Tuns muss im Individuum und seinen Impulsen und Empfindungen liegen. Eine andere systematische Verortung gibt es nicht mehr. Wer mehr will, kann das natürlich suchen, aber sein Denken und Tun bleibt hermetisch auf die private Entscheidung innerhalb eines sozialen Kontextes fixiert. Wer sein Glück beim Lesen, Essen, Wandern, Briefmarkensammeln oder in Sexualerfolgen sucht, bitte schön. Andere finden ihre Zufriedenheit im Freizeitsport, beim Fernsehen, in Ayurveda-Sitzungen, beim Bungee-Jumping, beim Heimwerken oder bei Sado-Maso-Spielen. „Anything goes", sofern es auf das Einverständnis anderer trifft oder diese wenigstens nicht belästigt oder beeinträchtigt. An solchen kulturellen Variationen sind Soziologie und Ethnologie vor allem interessiert. „Happiness" ist deswegen für diese Wissenschaften in erster Annäherung alles, was Menschen eine gesteigerte Lebensintensität verspricht und einen angenehmen Energieüberschuss, ja das Gefühl eines seelischen Schwebezustands („flow": Csikszentmihalyi 1992, S. 16) erzeugt. Anlass für Korrekturen gibt es nur, wenn sich Gefühle von Enttäuschung oder Unvermögen, Langeweile oder Erschöpfung breitmachen.

Verpflichtende Bestimmungen des allgemein-menschlichen Glücks werden – individuell und kollektiv – nicht mehr gesucht. Jeder gestaltet seine Lebensorientierung auf eigenes Risiko. Wenn er es nicht „richtig" angestellt hat, hat er sein (einziges) Leben eben verwirtschaftet. In einer sich individualistisch gebenden Form des Zusammenlebens gilt mit aller Härte, dass „jeder seines Glückes (oder Unglückes) Schmied" ist. Das scheint uns subjektiv heute kaum in Frage zu stehen, auch wenn es sich bei genauerem Hinsehen als illusionär erweist. Harte soziale Tatsachen sprechen eine andere Sprache. Keiner kann die Zwänge der sozialen Einbettung, also die „ärgerliche Tatsache der Gesellschaft" (Dahrendorf), umgehen. Man denke nur an das durch politische Unvernunft, Illusion, Sittenverfall oder wirtschaftspolitische Fehlplanung verursachte Elend oder Unglück. Aber auch die biologischen Begrenzungen und Behinderungen im Alter, das Hereinbrechen schwerer Krankheiten, Epidemien oder Naturkatastrophen scheinen eher darauf hinzudeuten, dass ein solches rein individualistisch verankertes Prinzip doch etwas kurzschlüssig ist. Jedenfalls löst die ungemütliche Tatsache, dass auch ein Stück Selbstverantwortung in Rechnung zu stellen ist, die aber nur auf dem Boden einschränkender Lebensbedingungen zu denken ist, ihre eigenen, auch für die moderne Welt typischen Fragen aus:

1. Da wir angeblich („hypothetisch") nur dieses eine, hiesige Leben haben, kommt es schon auf die richtige Strategie und den geordneten Einsatz der Kräfte an. Es „muss" doch gelingen, glücklich zu werden! Wenn einzelne Glücksgüter „das" Glück nicht herbeischaffen, dann muss eben noch intensiver nach dem „großen Glück" gesucht werden. Vielleicht ist es doch der große Lottogewinn („el gordo", wie die Spanier sagen). Er könnte alles auf einen Schlag möglich machen und eine Art von Seligkeit herbeiführen – wohl wissend oder halb wissend, dass dem nicht so sein wird: weder was den Gewinn selbst noch was die Sinnerfüllung des Lebens anbelangt. Denn da ein objektives Kriterium fehlt, bleibt nur der individuelle Beweggrund, eben glücklicher zu werden.
2. Die Ambivalenz der Gefühle bringt es mit sich, dass alles auf seine Beglückungsqualität hin überprüft werden muss. Daher setzt in der Moderne ein hastendes, immer hektischeres Suchen nach Vergnügungen und Befriedigungen ein, die zwar nicht das Glück selbst, aber doch eines seiner Elemente sind. Das Unglückliche dabei ist nur, dass Wiederholungen nicht zur Zielerreichung führen. „In dem Maß, wie wir uns an ein bestimmtes Glück gewöhnen, flieht es uns, und wir müssen aufs neue versuchen, es wieder zu finden. Wir müssen das Vergnügen, das verlöscht, mit Hilfe stärkerer Reize aufs neue entfachen, d. h. die Reize, über die wir verfügen, vervielfältigen und sie intensivieren" (Durkheim 1977, S. 292). So jagen sich Trends, Moden, Gelegenheiten, Stile und Selbstdarstellungen, die für das moderne Leben typisch sind. Denn es muss sich, seiner inneren Konstitution nach, ständig nach Neuem sehnen. Diese Hektik bringt neue Hektik, Stress, Erschöpfung und Unlust hervor, die wiederum bekämpft werden müssen, um endlich zum erhofften, unverstellten, „reinen" Glück zu führen.
3. Ist dieser inflationär geladene, soziale Motor einmal angesprungen, so kann er nur schwer gestoppt werden. Denn nichts, was in „diesem" Leben existiert,

befriedigt auf Dauer. Das Glücksbedürfnis ist dafür zu diffus. „Es schließt uns
an nichts Präzisem an, da es ein Bedürfnis nach etwas ist, das nicht ist. Es ist
also nur zur Hälfte konstituiert, denn ein vollständiges Bedürfnis fordert zwei-
erlei: eine Willensanstrengung und ein bestimmtes Objekt. Da das Objekt nicht
von außen kommt, kann es keine andere Wirklichkeit haben als die Wirklichkeit, die wir ihm geben. Dieser Prozeß … führt uns nicht aus uns hinaus. Es ist
nur eine innere Bewegung, die einen Weg nach außen sucht, ihn aber noch nicht
gefunden hat" (Durkheim 1977, S. 295). Das Leben ist immer zu kurz, so dass
wir den Drang haben, möglichst alles in diese kurze Spanne hineinpressen zu
sollen. Wer weiß, wie lange wir noch Sport treiben oder auf die Berge steigen
können, wie lange wir leckere Dinge essen und interessante Reisen unternehmen können? Die Lebensumstände – besonders die uns umgebenden Risiken
und Gefahren des Unglücks wie Alter, Krankheit, und Armut – lehren uns uner-
bittlich eines: Schon bevor unser Dasein erlischt, enden viele Möglichkeiten,
sich zu vergnügen und „flow" zu erleben. Aber es ist immer noch unser Leben,
das mit Anstand oder Grandezza gelebt sein will. Gibt es da kein Glück mehr?
Das „kleine Glück kann jeder", meinte Kurt Tucholsky, denn wie schon Aristoteles wusste, werden die Güter alle wegen des ihnen innewohnenden Glücksge-
halts erstrebt. Aber genügen sie auf dem Weg zum „großen", am Gesamterfolg
des Lebens gemessenen Lebensglück?

So bleibt doch die grundsätzliche Frage bestehen, was das („große") Glück sei,
also jenes „Wohlergehen", das auf ein *ganzes* Leben hin ausgelegt ist, und wie man
diesem Leben, wenigstens im Rückblick, eine weniger flatterhafte Note verleihen
will. Glück zielt dann auf eine „andauernde Selbstverwirklichung in vernünftigem
Tätigsein" (Wolf 1999, S. 12). Natürlich ist mit Vernunft hier keine „positivistisch
halbierte Rationalität" (Habermas) gemeint, sondern ein „kategorisches", von den
Ideen geleitetes, „auf Einheit und Totalität des Erkennens, und letztlich auf das
Unbedingte" (Ulfig 1997, S. 450) ausgerichtetes Vermögen.

Glück und die Lebensführung des „Kulturmenschen"

Auf den ersten Blick erscheint es uns einleuchtend, dass „alle" Menschen irgendwie glücklich sein wollen und nach dem Glück suchen, auch wenn ihnen das nicht oder nicht dauerhaft gelingt. Bis hierher kann man Aristoteles die Zustimmung zu seiner Eudaimonia-Vorstellung – dem Kernstück seiner Ethik als Lehre vom „richtigen" und (darum) glücklichen Leben – kaum versagen. Die empirisch verfahrenden modernen Wissenschaften sind jedoch gegenüber sogenannten „Allaussagen" skeptisch eingestellt.

4.1 Anthropologische Konstanten?

Das heutige Wissenschaftsverständnis ist anti-essentialistisch geprägt. Fragen nach dem Wesen der Dinge entfallen. Einer modernen Vorentscheidung entsprechend gelten Wesensaussagen als „prinzipiell" uneinlösbar und daher als unwissenschaftlich. Deswegen gehen moderne Forscher auch gegenüber angeblichen „anthropologischen Konstanten" auf Distanz. Erkenntnistheoretisch und verfahrenstechnisch gesehen sind totale Induktionen zur Überprüfung von Allaussagen bzw. Totalerhebungen – die ganze Menschheit betreffend – empirisch gar nicht möglich (vgl. Popper 1969). Überdies sind Abweichungen vom allgemeinen Trend ja immer denkbar.

Auf das Glücksthema bezogen besagt dies, dass es vielleicht irgendwo auf der Welt Menschen gibt, die vom Glück nicht fasziniert sind, sondern eher vom Unglück. Theoretisch vorstellbar ist, dass einige Vertreter dieser Spezies in erster Linie nicht nur vom Unglück verfolgt sind, sondern dieses sogar suchen. Sie sind

© Springer Fachmedien Wiesbaden 2015
R. Hettlage, *Das Prinzip Glück*, essentials, DOI 10.1007/978-3-658-08013-6_4

vom Selbst- und Fremdhass zerfressen. Sie frönen der Missgunst, der Melancholie und dem Missvergnügen an der Welt. Sie können sich weder an sich noch an anderen, weder an der Welt, wie sie ist, noch wie sie sein könnte, erfreuen. „Von Natur" aus sind sie skeptisch, depressiv, missmutig oder pessimistisch gestimmt. Dass Menschen sozial inkompetent, handlungsgestört und wenig glücksfähig sind, kommt wohl auch praktisch nicht allzu selten vor. Destruktive Tendenzen kann jeder an sich wahrnehmen. „Unglückliche" Verhaltenstypen sind seit Jahrhunderten in der Geistes- und Kulturgeschichte bekannt.

Dennoch ist „absoluter" Selbsthass nicht lebbar. Er muss in Selbstzerstörung enden. „Reiner" Pessimismus ist kein Programm, das sich leicht durchhalten lässt. Vielfach ist es wohl so, wie uns die Psychiatrie und Psychoanalyse lehren, dass auch in selbstzerstörerischen Handlungsweisen noch versteckte, verschüttete, möglicherweise vor-bewusste Glücks- und Zufriedenheitsbestrebungen zum Tragen kommen – und seien es solche, die darin bestehen, sich und anderen nach Möglichkeit ein Bein stellen zu wollen. Haben die Menschen damit Erfolg, sind sie für den Moment wohl zufrieden. Ganz ohne Beglückung im Unglück kommen auch sie nicht aus. Je länger und tiefer solche Menschen sich psychoanalytisch auf sich selbst einlassen und sich ihrer selbst bewusst werden, desto weniger müssen sie ihren Selbst- und Fremdschädigungszwängen gehorchen und können sich mit ihrem Selbstbild und seinen Unzulänglichkeiten, mit ihren Ängsten und Begrenzungen befreunden, also glücksfähiger werden. Wie überall ist es die Mischung verschiedener Elemente, die den Unterschied der jeweiligen Wirklichkeiten ausmacht und die im modernen Sinn wissenschaftlich „interessant" sind.

Folglich hat es wenig Sinn, von einem seelischen und sozialen Tendenzmonismus destruktiver Art auszugehen. Da ist die Maxime realitätsnäher, dass wir es im Allgemeinen mit Menschen zu tun haben, die in ihrem Leben auf irgendeine Weise „ihr" Glück suchen. Zumindest ist das eine höchst plausible und empirisch bestens belegte Hypothese, die sogar im Kulturvergleich Bestand hat. Die Glücksgüter und -inhalte mögen verschieden sein, die Glückssuche als soziale Tatsache nicht. Die Frage ist nur, ob man dabei ein zeitlich begrenztes Gut, eine darauf bezogene Zufriedenheit oder eine das ganze Leben übergreifende Perspektive im Auge hat. Max Weber hat die Prägekraft von letzten Leitideen, Axiomen und (Wert-)Überzeugungen, die für den Lebensentwurf und die Identität Einzelner oder vieler ordnungsstiftend wirken, mit dem Terminus „Lebensführung" bezeichnet (1980, S. 320 ff.; 1988, I: S., 2 ff.). Die Verankerung für solche Leitideen muss ihm zufolge in den Begründungen gesucht werden, die die Religionen für die Lebensgestaltung anzubieten haben, allen voran die Erlösungsziele (certitudo salutis) und Erlösungsmittel. Insofern hat Lebensführung mit Ethik zu tun.

4.2 Lebensführung

Nach Max Weber „*führt*" jemand sein praktisches Leben, wenn er es zielbewusst, systematisch planend nach einem einheitlichen Regelwerk gestaltet. Er stellt sein Leben unter ein *Prinzip*. Lebensführung meint darüber hinaus eine prinzipielle, meist gruppenspezifische Haltung, einen Habitus, der nicht nur das Denken und Handeln der betreffenden Gruppe beeinflusst, sondern oft auch zum Leitmotiv des Handelns anderer Nachahmer-Gruppen wird und somit eine ganze Gesellschaft prägt. So gesehen bedingt und verkörpert die verhaltensprägende Lebensplanung das spezifische Ethos, die „mores and folkways" (G. Sumner), also die Ethik der Individuen, Gruppen und Gesellschaften. Dabei wird im Rück- und Vorausblick – und unter den kritischen Augen der Vor-, Mit- und Nachwelt – das ganze Leben der Akteure auf den Prüfstand einer gelungenen Sinnorientierung gestellt. Wer als Gruppenmitglied dem etablierten Muster nicht oder (als Aufsteiger) noch nicht entspricht, wird als (noch) nicht normal abqualifiziert. Er führt eine unglückliche Existenz, die zum Rückzug zwingt und/oder neue Energien freisetzt. Denn statt der Einzelnormen gilt nun die „sinnhafte` Gesamtbeziehung der Lebensführung auf das religiöse Heilsziel". Aber auch kollektiv erhöhen sich die Spannungen. Je systematischer die Erlösungsreligiosität geartet ist und als „Gesinnungsethik" auftritt, desto mehr tritt sie auch in Gegensatz zu den politischen, ökonomischen, sexuellen und ästhetischen Realitäten der Welt. Die steigende Stereotypisierung der Gemeinschaftsbeziehungen reibt sich zunehmend an der „Eigengesetzlichkeit der einzelnen Lebenssphären" (Weber: WuG V, § 11, S. 349).

Lebensführung ist oft von religiösem Vorwissen geprägt. Sie kann beispielsweise mehr weltabgewandt – asketisch und passiv – oder mehr weltzugewandt – hedonistisch und aktiv – geformt sein:

1. So folgt die feudale „Herren"-Existenz dem Prinzip der ritterlichen Standesehre, deren Normkomplex allzeit eingeübt und verteidigt werden muss. Als steuerndes Denk-, Gefühls- und Handlungsschema wird dies über die höfische Gesellschaft auch für das aufstrebende Bürgertum relevant.

2. Die Lebensführung der mönchischen Gemeinschaft stand unter dem Prinzip der bis in den Stundentakt hinein geregelten, systematischen Vorbereitung auf die von der Erlösungshoffnung getragene Gemeinschaft mit Gott. Die Distanz zur Welt nahm Vorbildcharakter an und hat das Gemeindeleben der „minderwertigen" Laien in vielfältiger Weise zur Nachahmung angeregt.

3. Die Lebensführung des chinesischen Beamtenstaats gründete auf der Hochschätzung von Ausbildung und wissensbasiertem Einfluss. Dafür wurden lange, komplizierte Ausbildungs- und Auswahlverfahren in Kauf genommen, als

deren Kompensation der hohe gesellschaftliche Status der literarisch geschul-
ten, weltlich-rationalistischen Bildungsschicht galt. Die religiöse Standesethik
dieser Schicht hat die chinesische Lebensführung über die Schichtgrenzen der
Literaten weit hinausgreifend bestimmt. Denn andere Schichten strebten dem
Bildungsideal nach und richteten das Leben ihrer Nachkommen darauf aus. Für
das implizite Sinn- und Glücksversprechen waren die Eltern bereit, hohe Ent-
behrungen auf sich zu nehmen.

4. Die moderne, methodisch-rationale Lebensführung des Kapitalismus setzt
   implizit auf das durch die Reformation deklarierte, allgemeine „Priestertum
   der Gläubigen". Denn irdische Instanzen gewähren nun keine Erlösungsmittel mehr. Berufliche und religiöse Hingabe werden parallelisiert. Rationales
   Marktverhalten wird mit den Grundzügen dem „protestantischen Arbeitsethos"
   „wahlverwandt": Denn konzentrierte Berufsarbeit in Form von Rechenhaf-
   tigkeit, Zeitkontrolle, Selbstdisziplin und Verlässlichkeit gerät zum „Gottes-
   dienst". Wer „immer strebend sich bemüht" und sein Leben unter das Prinzip
   asketischer Selbstkontrolle stellt, verrät es nicht an niedere Leidenschaften
   und darf sich der Erlösung, also des rechten Wegs zur ewigen Glückseligkeit,
   einigermaßen sicher sein. Zwar verblasst in der Hochblüte der Wirtschafts-
   entwicklung diese religiöse Komponente der Lebensplanung. Das Gebot der
   Nächstenliebe macht vollends der Pflichterfüllung im Beruf Platz. Aber auch
   wenn der alte „Geist" aus dem Gehäuse des Lebens entwichen ist, bleibt die
   Form der Lebensführung bis heute nicht nur für die Gottsucher, sondern auch
   für die breiten Schichten – selbst bis in manche Formen leistungsorientierter
   Freizeitbeschäftigung hinein – bestimmend.

5. Allerdings hat sich damit auch die Definition von Lebensführung und Lebensglück verschoben. Die Lebensplanung steht heute überwiegend auf zwei Säu-
   len: Einerseits beruht sie auf einem harten Arbeitsregime, in dem Rechnen um
   des Rechnens willen oder Gewinn als Selbstzweck gilt. Auf der anderen Seite
   bedarf es als Spannungsausgleich der punktuellen Glücksbeschaffung, die der
   diversifizierten, auf Entspannung, Enthemmung und Emotion getrimmten Frei-
   zeitkultur aufgebürdet wird.

4.3   Die zerbrochene Einheit von Lebensführung und Lebensglück

Die Lebensführung des bildungsbürgerlichen „Kulturmenschen" ist heute laut Weber eine gebrochene. Sicher schätzt er Bildung und Wissen hoch und verachtet
alles Triviale und Kurzatmige, aber auch er kann dem dominanten Zeitgeist nicht
entrinnen, dem die Tiefe der Weltdeutung oder gar der Kampf um den richtigen

Begriff des Glücks abhandengekommen ist. Als „Kulturmensch" darf er zwar nicht aufgeben, aber er führt einen tragischen Abwehrkampf gegen Sinnentleerung und Verfall, den er vielleicht persönlich, aber nicht mehr für „die Welt" gewinnen kann. Ja, selbst persönlich kann er die alten Orientierungssicherheiten nicht mehr zurückholen. Im nachmetaphysischen Zeitalter bleibt er als Zweifler „unerlöst" und muss in einem heroischen „Dennoch" den Sinnverlust aushalten. Einen Weg zurück gäbe es nur zu einem hohen Preis, nämlich zum „Opfer des Intellekts". „Bewusstlos" kann er nicht werden, orientierungslos muss er bleiben. Die Einheit von Lebensführung und Lebensglück ist unwiederbringlich zerbrochen. Seine Elemente gleichen einem Puzzle, das man nicht mehr zu einem Ganzen zusammensetzen kann.

Überall herrscht die gleiche Unruhe bei der Glückssuche. Da ein verbindliches nachahmenswertes Muster der Lebenskunst nicht mehr aufzufinden ist, kommt es zu einer immer markanteren Aufsplitterung der Lebensstile in (bürgerliche) Hochkultur, Spannungs-, Trivial-, Milieu-, Themen-, Jugend- und Vergnügungskulturen (vgl. Schulze 1992, S. 142 ff.), die sich zwar nur auf Teilaspekte des Lebens konzentrieren, aber dafür doch eine Gesamtperspektive beanspruchen. Mehr kann man angesichts der Fragmentierung und De-Institutionalisierung des Lebens offenbar nicht wollen, auch wenn diffus im Bewusstsein zurückbleibt, dass das nicht die ganze Wahrheit über ein „gekonntes Leben" sein kann. Aber es gibt eben keine vertrauenswürdigen Institutionen mehr, die Führungsaufgaben bei der Lebensgestaltung übernehmen könnten. Gäbe es sie – und manche beanspruchen sie noch – dann würden sie – als der modernen Leitidee der autonomen Lebensgestaltung widersprechend – rundweg abgelehnt werden. Privatheit gilt als Bedingung und Axiom der Moderne. Sie beinhaltet einen „Kampf gegen das Prinzipielle" (Fisch 1999). Jeder macht „sein eigenes Ding" und muss auch jenseits der religiösen Konnotation nach seiner Façon selig werden. Er muss seinen individuell passenden Weg finden. Das Handlungsprinzip der Selbststeuerung hat sich dabei der Orientierung an übergreifenden Wertprinzipien entledigt. Die ethische Innenleitung ist der sozialen Außenleitung gewichen (Riesman 1950).

Das muss zur Krise der Philosophie des „großen" Glücks führen. Denn man sieht – wie Peter L. Berger es für die religiöse Sinnsuche beschrieben hat – keine Notwendigkeit mehr, sich in den festen Rahmen einer Interpretationsgemeinschaft einzufügen. Diese Ligaturen sind nicht mehr plausibel. An eine umgreifende Lebensführung werden keine Ansprüche mehr gestellt. Man kann die tiefgründigen („großen"), auf die Seins-Vollkommenheit zielenden Fragen getrost offen lassen und sich stattdessen auf die ephemeren „events" und Moden konzentrieren. Auf dem Supermarkt der Ideen und Stile sucht man das, was momentan passt, was „fun" verspricht oder gerade jetzt „in" ist. Da bleibt nichts anderes, als dort nach dem schnellen Glück zu haschen, wo es gerade aufzublitzen scheint. „Glück" ist

schon das, was nicht gerade unglücklich macht und wenigstens momentane Zufriedenheit gewährt. Ob sich später dann Reue, Ekel, Langeweile und Leere einstellen,
wird wenig problematisiert. Man wird im Fall der Enttäuschung schon wieder etwas Neues ausprobieren. Denkerisch die Folgen für den Lebensentwurf „an sich"
zu antizipieren, scheint angesichts der kurzatmigen Bastelmentalität (Hitzler 2001,
S. 183 ff.) unangebracht zu sein. Wohl ist man in eine bestimmte Perspektive mit
ihrer eigenen sozialen Schwerkraft hineingeboren, aber es ist selbst wieder ein
glücklicher Umstand der Moderne, dass man sie wenigstens tentativ und punktuell
verlassen kann. Eine geglückte Perspektive ist weniger inhaltlich als prozedural
bestimmt. Denn es scheint doch ein Glück zu sein, dass man sich autonom fühlen
darf und dass man sich für dieses oder jenes vermeintliche oder reale Glücksgut
entscheiden kann.

Die neuen Belastungen, die die permanenten Entscheidungzwänge mit sich
bringen (vgl. Gross 1994), werden vorerst heruntergespielt. Man fühlt sich zunächst als „Lebenskünstler" (Bauman 2010), der sein Leben selbst in die Hand
nehmen kann. Diese Tatsache ist aber nur dann eine Gewähr von Glück, wenn
dahinter auch wertvolle, sich selbst tragende Glücksguter in den Blick geraten.
Andernfalls verblasst die Zufriedenheit zu bloßen „good vibrations", die durch immer neue Optionen und den dazugehörigen Entscheidungsstress abgelöst werden.
Auch daran mag man erkennen, dass der Blick auf die Lebensführung als Ganzes
nicht ständig eingeklammert werden kann. Zufriedenheit, die nicht als Strohfeuer
verpufft, muss am dauerhaft „gekonnten" Leben Maß nahmen. Kenner- und Kön-
nerschaft sind nicht nur verfahrensmäßig zu bestimmen. Sie bedürfen der tragen-
den Inhalte. Insofern knüpft die moderne Glücksthematik ungewollt doch wieder
vorsichtig an die traditionelle Glücksphilosophie an, die von jenen Glücksgütern
und Verhaltensweisen ausging, die „dem" Menschen an sich guttun.

Die moderne Glückssoziologie verfährt so nicht mehr. Jedoch sucht auch sie
nach empirisch greifbaren Maßstäben für ein glückendes Leben. Andernfalls könnte sie lediglich registrieren, was Menschen zu verschieden Zeiten, an verschiedenen Orten, in verschiedenen Kulturen und unter verschiedenen sozialen Zwängen
jeweils mit dem Begriff „Glück" bezeichnen (In der Politikwissenschaft hat man
dafür den Terminus „cash register theory" eingeführt). Das macht die Hauptströ-
mung der modernen, empirischen Glücksforschung aus. Mit dem Begriff der „Lebensführung" im Verständnis Max Webers wagt sie aber mehr: nämlich eine den
konkreten Umständen angepasste Maßeinheit aufzubauen, an der erkennbar wird,
ob es sich um ein momentanes „kleines Glück" oder um stabile, „große", die Mo-
dekonjunkturen überdauernde, sogar ethisch gerechtfertigte Lebensentwürfe und
Glücksstrategien handelt. Die universalhistorische Blickrichtung macht den Per-
spektivwechsel gegenüber dem Mainstream moderner Glücksforschung deutlich

und setzt zugleich einen Kontrapunkt zur kurzatmigen Ratgeber- und Eventlite-
ratur, für die sich die Glücksthematik in vordergründiger „happiness" und Zufriedenheit erschöpft.

Gefragt sind also auch in den modernen Sozialwissenschaften, soweit sie die
großen Menschheitsfragen nicht ausklammern, die großen Traditionen und Kulturen, die Verheißungen und Visionen, die lebensentscheidenden Maßstäbe und
Haltungen. Nur wenn sie sich für diese Aspekte der „longue durée" interessieren,
kommen die historischen und modernen Lebensgrundlagen in den Blick, die unser
Weltbild heute trotz aller hektischen Verdrängungsprozesse prägen. Denn selbst
partielle Erlebnisse und „gute Gefühle" sind in ihren Ordnungsmustern noch von
den kulturellen Tiefenströmungen imprägniert.

Die Problematik der eudaimonia ist dennoch aus dem modernen Diskurs weitgehend verschwunden. „Luck", „happiness", „well being" und Eudämonie besagen
aber nicht dasselbe, auch wenn sie im Deutschen jeweils mit „Glück" bezeichnet
werden. Das kommt in vielen Studien zum Glück gut zum Ausdruck. Gleichzeitig
erlaubt uns die Sichtung der augenblicklich boomenden Glücksliteratur, verschiedene Richtungen auf dem Weg zu einer Bestimmung von Glück voneinander ab-
zugrenzen. Angeregt von Alfred Schütz' (1971, S. 237 ff.) Untersuchung zu den
„mannigfaltigen Wirklichkeiten" könnte man von vier Sinnprovinzen der Glücksforschung sprechen, in denen jeweils eine eigene Wirklichkeitsakzentuierung zum
Tragen kommt.

Sinnprovinzen der Glücksforschung 5

Schütz nennt „finite provinces of meaning" jene Formen der Wirklichkeitserfahrung, die von spezifischen Bewusstseinsspannungen geleitet sind, aus denen sich eigene „Aufmerksamkeiten auf das Leben", mit ihren jeweiligen thematischen Einklammerungen, ihren Selbsterfahrungen und Kommunikationsformen ableiten (ebd. S. 264 ff.). Er unterscheidet dabei den Alltag von den Bereichen der Phantasie, des Traums und der Wissenschaft. Die Sinnprovinz des Alltags etwa ist ganz auf die Notwendigkeit des praktischen Handelns und routinemäßigen Funktionierens ausgerichtet, während Phantasie, Wissenschaft und Traum vom Handlungszwang entlastet sind.

Übertragen auf die Glücksforschung ergeben sich somit vier Modi der Aufmerksamkeit: Der erste Rahmungsmodus, repräsentiert durch die traditionelle Glücksphilosophie, ist essentiell ausgerichtet, während die drei anderen eher einem existentiellen, dem empirisch operierenden Wissenschaftsmodus (Geschichte, Soziologie, Psychologie etc.) entsprechenden Ansatz folgen.

5.1 Glücksphilosophie und Glückstheologie

Von der klassisch-philosophischen Sinnprovinz des essentiellen Denkens und Handelns ausgehend wurden in den späteren Jahrhunderten ausgefeilte Tugendkataloge (z. B. die sog. Kardinaltugenden) und entsprechende Verfehlungsregister (Todsünden) entwickelt. Erstere sollen „den" Menschen vor dem Absturz in die Verfehlung seines Wesens und in die Beliebigkeit bewahren. Tatarkiewicz (1984) hat wohl recht, wenn er feststellt, dass ein rein empirischer Ansatz an den „Bedingungen

© Springer Fachmedien Wiesbaden 2015
R. Hettlage, *Das Prinzip Glück*, essentials, DOI 10.1007/978-3-658-08013-6_5

der Möglichkeit" von Glück über einen unzureichenden Handlungsschematismus kaum hinauskommt. Denn die Aufmerksamkeit der Philosophen war bis zum 17. Jahrhundert eben ganz auf die Betrachtung der „Wesensgüter" gerichtet, die das höchste Glück, die Seligkeit, garantieren sollen. Der Besitz der wertvollsten (geistigen und moralischen) Güter und die Zufriedenheit mit dem Leben („Seelenruhe", ataraxia) fallen zusammen (beatitudo, eudaimonia). „Das griechische Denken über das Glück, das in seinen Anfängen einen religiösen Charakter hatte und sich auf das von den Göttern herabgesandte Wohlergehen konzentriert hatte, verwarf in seiner klassischen Periode diese transzendentalen Ideale, um freilich gegen Ende wiederum zu ihnen zurückzukehren" (ebd. S. 42). Das begründete eine über 2000 Jahre gültige Tradition.

In dieser Tradition stehen auch Augustinus (+ 430 n. Chr.) und später die Scholastische Philosophie (Kluxen 1978, S. 77 ff.), nur rücken hier die religiösen Güter in den Vordergrund. Sie folgen aber Plato und Aristoteles insoweit, als auch für sie – und bis ins 17. Jahrhundert ungebrochen – das Glück eine Erscheinungsweise der Vollkommenheit ist. Deshalb kann die subjektive Zufriedenheit gar nicht über das Glück entscheiden. Sie ergibt sich vielmehr aus dem Glück, d. h. aus dem Besitz der wertvollsten Güter. Zufriedenheit ist nicht Inhalt, sondern Folge des Glücks oder besser: des geglückten Lebens. Man kann also ein gekonntes Leben führen, ohne immer gleich nach den guten Gefühlen schielen zu müssen. Vermutlich geht das aber nur, wenn man in einer philosophischen Tradition steht, die „zwei Stockwerke" des Lebens, ein diesseitiges und ein jenseitiges, anerkennt. Dann hat man den erforderlichen langen Atem, um im Diesseits auf manche emotionale Gratifikation bei der Einübung in das gute Leben verzichten zu können.

5.2   Der Erkenntnismodus der empirischen Glücksforschung

Dem ersten Anschein nach folgt die *moderne, empirische Glücksforschung* diesem philosophisch-theologischen Denkmodus nicht mehr. Sie wendet sich zunächst der Sinnprovinz des gelebten Alltags der unterschiedlichen Menschen und Gruppierungen zu. Dabei wird gegenüber dem vormodernen Habitus der vermeintliche Vorteil ins Feld geführt, dass die empirische Ausrichtung eben wissenschaftlich objektive Erkenntnisse liefere. Für die Alltagshandelnden selbst gilt eine solche Behauptung jedenfalls nur höchst eingeschränkt. Dazu äußert sich Soeffner (2004, S. 26) ganz dezidiert: „Die Inexpliziertheit des Alltagswissens, seine formale Organisation in der Typik der Normalität und seine davon abhängende Repräsentation in ... von den Betroffenen nur latent gewussten sozialen Deutungsmuster weisen aus, dass es für dieses ‚Wissen' keine Überprüfungskriterien gibt. Es muss vielmehr als ein

System von Selbstverständlichkeiten, unüberprüfbaren Plausibilitäten, das heißt als ein System von Glaubenssätzen verstanden werden." (Sozial −) Wissenschaft muss diesen Sinnbereich des Alltags durch Unterscheidung zwischen Deutung und Gedeutetem, Test an den Kriterien Erfolg und Misserfolg, Einbezug konkurrierender Deutungen und explizite Versprachlichung des Wissens transzendieren (ebd. S. 27). Sie bleibt aber der Ausgangskonstellation, sich nämlich von ihrem Objekt, den Alltagshandelnden selbst, nicht weit entfernen zu können, zwangsläufig verhaftet. Sie kann also wohl das „belief system" der Menschen explizieren, bleibt aber in der Orientierungsleistung für eben diese Alltagshandelnden doch ziemlich begrenzt.

a. Die Faszination der Vielfalt

Das Erkenntnisinteresse der Sozialwissenschaften richtet sich jedenfalls zunächst auf die konkret feststellbaren, höchst variablen, komplexen, sich zum Teil widersprechenden Bedürfnisse, Ziele, Wertvorstellungen und Handlungsweisen der Menschen in ihrer Lebenswelt. Ihr Zugriff zur Glücksthematik ist nicht mehr von der philosophischen Wesensbetrachtung her bestimmt, sondern von der Vielfalt der „sozialen Tatsachen". Daher ist auch mit gegensätzlichen, höchst mannigfaltigen, pluralen Glücksbestimmungen und -strategien der Menschen zu rechnen, wie uns viele Sprichwörter zu verstehen geben. „Glücklich ist, wer vergisst" („bad memory and good health" in Hemingways Version), oder ist glücklich nur der Wissende? „Das Glück ist blind" (Cicero), oder ist „jeder seines Glückes Schmied"? „Den einen gibt, den anderen nimmt das Glück" (Menander), oder: „Glück hat auf die Dauer nur der Tüchtige" (Moltke). Oder ist es doch so, dass niemand vor seinem Tod glücklich zu preisen ist, wie Solon schon bemerkte? Glanzvoll hat Tucholsky (1985, S. 270) diese Unsicherheit in Gedichtform gebracht:

… Aber, so ist das hienieden:
Manchmal scheints so, als sei es beschieden
nur pöapö, das irdische Glück.
Immer fehlt dir irgendein Stück.
Hast du Geld, dann hast du nicht Käten;
Hast du die Frau, dann fehln die Moneten −
Hast du die Geisha, dann stört dich der Fächer:
Bald fehlt uns der Wein, bald fehlt uns der Becher.
Etwas ist immer.
Tröste dich.
Jedes Glück hat einen kleinen Stich.
Wir möchten so viel: Haben. Sein. Und gelten.
Dass einer alles hat:
Das ist selten.

Die Liste sich widersprechender Glücksbestimmungen lässt sich leicht fortsetzen. Es fällt auf, dass dabei jeweils partielle Situationen, unterschiedliche Güter und manchmal ganz konträre Handlungsanforderungen unter ein und denselben Glücksbegriff subsumiert werden. Auf diesem Weg kommen zum Teil interessante und amüsante Gegensätze zustande, die den Anschein erwecken, als sei über das menschliche Glück insgesamt nichts Greifbares auszusagen. Oft ist der Gegensatz jedoch nur ein scheinbarer, da einfach höchst unterschiedliche soziale Lagen, Biographien, Situationen, Generationen, Zeiten etc. angesprochen und ins Verhältnis gesetzt werden. Dabei kommen jeweils ganz bestimmte Glücksaspekte zum Tragen, die aber in unzulässiger Weise unter einem allgemeinen und äquivok verwendeten, undistinkten Terminus von Glück „alles und sein Gegenteil" behaupten können.

Das kommt der erkenntnistheoretischen Vorentscheidung der Moderne, wonach Substanzbestimmungen, Wesensaussagen oder gar „rationes aeternae" wissenschaftsfremd, auf jeden Fall „vormodern" wirkten und durch „moderne" Funktionsbetrachtungen zu ersetzen seien, sehr entgegen. Die Bemühung, der Mannigfaltigkeit der sozialen Wirklichkeit Rechnung zu tragen, ist natürlich legitim und wichtig, enthebt aber nicht von weiteren Erkundungen jenseits der reinen Pluralitätsunterstellung. Die Feststellung von Vielfalt, Variation und Wandel ist vermutlich nicht die einzige, geschweige denn letzte und „ernsteste" Frage der Menschen im Hinblick darauf, ob und wie das Leben glücken kann oder wie ihr Leben zu führen ist (vgl. Abb. 5.1).

Bedeutsam für das Erkenntnisinteresse *der empirischen Glücksbetrachtung* ist:

1. dass der *Alltag der Menschen* mit seinen Glücksvariationen und -kumulationen im Vordergrund steht. Diese sind nicht etwa unbedeutend, denn sie sind das, wovon Menschen in ihrem Leben überzeugt sind, es leisten, schaffen, gewinnen zu können. Sie sind das, was man realistischerweise „haben" kann. Seins- und Vollkommenheitsfragen werden höchstens jenseits dieses Horizonts gestellt.
2. dass die Menschen sich entweder als auf sich gestellte Glückssucher, als „Macher" (homo faber) ihres Glücks verstehen oder als solche, die dem Glück nur am Rande auf die Sprünge helfen können, weil es mehr mit fortuna (luck) zu tun hat.
3. Die Beziehung zwischen Glückssuche, Glücksgütern und Zufriedenheit („well being") wird nunmehr als sehr eng angesehen. Entscheidend wird das Gefühl der Zufriedenheit. Zufriedenheit und Glück bedingen sich. „Es wurde üblich, denjenigen Menschen, der mit seinem Leben zufrieden ist, als Glücklichen zu bezeichnen. Gleichgültig welche Güter er besitzt, wenn er sich nur zufrieden

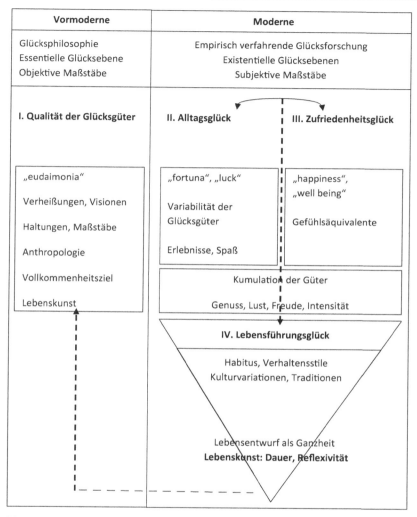

Abb. 5.1 Sinnprovinzen der Glücksforschung

fühlt, dann ist er glücklich" (Tatarkiewicz 1984, S. 43) Dieser Zusammenhang ist aber nicht durchgängig, denn die Treffsicherheit bei der Suche nach Glücksgütern ist nicht sehr hoch, noch kann man verhindern, dass wiederholter Genuss seine Zufriedenheitsspannung verliert und schal wird („fading").

b. Die Erforschung der Intensitäten

So steht auch der *zweite empirische Betrachtungsmodus*, der die mit Glücksgütern einhergehenden seelischen Befindlichkeiten *(„Zufriedenheitsglück")* im Auge hat, unter dem Siegel der Variation („happiness"). Zufriedenheiten sind nicht gegenüber allen Glücksgütern gleich intensiv. Auch kommen sie bezogen auf ein Gut im Plural vor, denn im Zeitablauf haben sich meist die Situationen gewandelt. Glück ist eine mehrdimensionale Kategorie. Zufriedenheit ist also u. a. abhängig von der Dauer des Genusses, der Art der Menschen und ihrer Bedürfnisse, den sozialen Lagen, dem Lebensalter, der Kohorte, der Qualität der Güter usw. Diese Unterschiede müssen im Forschungsprozess differenziert erhoben werden. Dafür macht sich u. a. die (Sozial-)Psychologie stark.

c. Dauer: Anstrengung und Erfüllung

Der *dritte neuzeitliche Betrachtungsmodus* richtet sich auf die fundamentalen existentiellen Fragen der Lebensplanung. Verstärkt durch die Tatsache der hohen Kulturdiversität aller Glücksaspekte wird die alte Frage wieder virulent, ob Zufriedenheit eine notwendige und/oder eine *hinreichende* Bedingung für das dauerhafte *„Lebensführungsglück"* ist. Ersteres mag für eine kurzfristige Analyse gelten, denn erfahrungsgemäß peilen die meisten Menschen bei ihrer Lebensgestaltung ein zumindest akzeptables Zufriedenheitsniveau an. In der langfristigen Güterabwägung kann das vordergründige „happiness"- und „well being"-Motiv jedoch stark an Dringlichkeit verlieren. Selbst wenn es eine notwendige Bedingung für Glückserfahrung sein sollte, ist es wohl keine hinreichende Bedingung. Gratifikationsaufschübe können ein Leben lang dauern, ohne dass die Glücksqualität des „guten" Lebens davon im Grundsatz beeinträchtigt würde. Insofern – und nicht nur weil „Glück" vielleicht langweilig werden könnte – gibt es eine bedeutsame Verbindung von Askese und geglücktem Leben. Viele „Virtuosen" einer solchen Lebensführung haben uns das vorgemacht. Aber diese Denk- und Lebensform ist uns Modernen schon ganz fremd geworden.

Schließt sich der Kreis?

Sicher ist das menschliche Handeln sprunghaft, widerspruchsvoll, wandelbar oder beruht oft auf unreflektierter Nachahmung. Max Weber wurde jedoch nicht müde, in seiner Religionssoziologie darauf zu verweisen, „dass wir Kulturmenschen sind, begabt mit der Fähigkeit und dem Willen, bewusst zur Welt Stellung zu nehmen und ihr einen Sinn zu verleihen" (Weber (1920), 1988, III, S. 23). Mag das Alltagshandeln noch so unreflektiert ablaufen, es ist für sein Funktionieren auch von einem sedimentierten, dauerhaften Erfahrungsschatz abhängig, oder anders ausgedrückt: Es ist auf Prinzipien, Glaubensüberzeugungen und selbstverständlich gewordene Annahmen über letzte Werte – und seien sie ein Erbe längst vergangener Zeiten – angewiesen. Hier dachte Weber universalistischer, als er im Allgemeinen wahrgenommen wird.

Dauerhafte und ephemere Glücksbestimmungen können jedenfalls in Widerspruch geraten. Insofern müssen Zufriedenheits- und Glückserwägungen empirisch auseinandergehalten werden. Dadurch wird es möglich, Zufriedenheiten zu skalieren und auf die zu erreichende „Lebensqualität" zu beziehen. Wer die Frage nach dem gekonnten Lebensstil aufwirft, fragt einerseits nach der gesellschaftlichen Ausprägung eines Habitus bei den bestimmenden Statusgruppen, andererseits und in einer leicht veränderten Fokussierung auch nach dem den Menschen einer bestimmten Epoche auferlegten, „richtigen Lebensglück". Hier gilt Th. W. Adornos berühmte Formel, dass es „kein richtiges Leben im falschen" geben könne. Auf das Prinzip Glück bezogen lautet sie: „Es gibt kein richtiges Glück im falschen". Die traditionelle Glücksphilosophie könnte das unterschreiben. Dass sie die zur Bestimmung des „Richtigen" als notwendig erscheinenden Lebensziele und die entsprechende Lebenskunst nicht mehr mitliefern darf, ist unser heutiges Schicksal.

© Springer Fachmedien Wiesbaden 2015
R. Hettlage, *Das Prinzip Glück*, essentials, DOI 10.1007/978-3-658-08013-6_6

Angesichts dieser Lage plädiert Otfried Höffe (2009, S. 103) aber nicht etwa für eine Erwartungsreduktion, sondern für eine Doppelstrategie. „Die Zufriedenheit mit dem kleineren …Glück behält sich für das größere Glück eine Erwartungsreserve zurück. Wer sich mit dem ‚kleinsten Glück' der Üblichkeiten und der Routine zufriedengibt, entgeht (zwar) dem Risiko, das eigentlich Lohnenswerte vielleicht nie zu erreichen. Der Preis für seine ‚Versicherungsmentalität in der Lebensführung', der rigorose Verzicht auf eine Steigerung des Lebens, ist aber erstaunlich hoch. Denn die Routine hilft nur über Durststrecken der Glückssuche, löscht jedoch nicht den Durst. Man kann zwar den Durst verringern, aber der Durst, der bleibt, will gelöscht werden, wozu die Routine – bestätigt die empirische Glücksforschung – außerstande ist."

Literatur

Bauman, Zygmunt. 2010. *Wir Lebenskünstler*. Frankfurt a. M.: Suhrkamp.

Bloch, Ernst. 1973. *Das Prinzip Hoffnung*. 3 Bd. Frankfurt a. M.: Suhrkamp.

Bok, Derek. 2010. *The politics of happiness. What governments can learn from the new research on well-being*. Oxford: Princeton University Press.

Bok, Sissela. 2010. *Exploring happiness: From Aristotle to brain science*. London: New Haven.

Csikszentmihalyi, M. 1992. *Flow. Das Geheimnis des Glücks*. 2. Aufl. Stuttgart: Klett-Cotta.

Durkheim, Emile. 1977. *Über die Teilung der sozialen Arbeit*. Frankfurt a. M.: Suhrkamp.

Fisch, Stanley. 1999 *The trouble with principle*. Cambridge: Harvard University Press.

Gross, Peter. 1994. *Die Multioptionsgesellschaft*. Frankfurt a. M.: Suhrkamp.

Habermas, Jürgen. 1989. *Nachmetaphysisches Denken. Philosophische Aufsätze*. 3. Aufl. Frankfurt a. M.: Suhrkamp.

Hampe, Michael. 2009. *Das vollkommene Leben. Vier Meditationen über das Glück*. München: Carl Hanser.

Hitzler, Ronald. 2001. Existenzbastler als Erfolgsmenschen. Notizen zur Ich-Jagd in der Multioptionsgesellschaft. In *Moderne Zeiten. Reflexionen zur Multioptionsgesellschaft*, Hrsg. Achim Brosziewski, Thomas S. Eberle, und Christoph Maeder, 183–197. Konstanz: UVK.

Höffe, Otfried. 2009. *Lebenskunst und Moral oder macht Tugend glücklich?* München: C. H. Beck.

Horn, Christoph. 1998. *Antike Lebenskunst. Glück und Moral von Sokrates bis zu den Neuplatonikern*. München: C. H. Beck.

Janke, Wolfgang. 2002. *Das Glück der Sterblichen. Eudämonie und Ethos, Liebe und Tod*. Darmstadt: Wissenschaftliche Buchgesellschaft.

Jonas, Hans. 1984. *Das Prinzip Verantwortung. Versuch einer Ethik für die technologische Zivilisation*. Frankfurt a. M.: Suhrkamp.

Jonas, Hans. 1997. *Das Prinzip Leben. Ansätze zu einer philosophischen Biologie*. Frankfurt a. M.: Suhrkamp.

© Springer Fachmedien Wiesbaden 2015
R. Hettlage, *Das Prinzip Glück*, essentials, DOI 10.1007/978-3-658-08013-6

Kluxen, Wolfgang. 1978. Glück und Glücksteilhabe. Zur Rezeption der aristotelischen Glückslehre bei Thomas von Aquin. In *Die Frage nach dem Glück*, Hrsg. Günther Bien, 77–92. Stuttgart: Bad Cannstatt.

Messner, Johannes. 1966. *Das Naturrecht. Handbuch der Gesellschaftsethik, Staatsethik und Wirtschaftsethik*. 5. Aufl. Innsbruck: Tyrolia.

Pieper, Annemarie. 2001. *Glückssache. Die Kunst gut zu leben*. München: Dtv.

Popper, Karl R. 1969. *Logik der Forschung*. Tübingen: Mohr Siebeck.

Riesman, David. 1950. *Die einsame Masse*. Reinbek bei Hamburg: Rowohlt.

Ros, Arno. 1989. *Begründung und Begriff. Wandlungen des Verständnisses begrifflicher Argumentationen. Bd. 1: Antike, Spätantike und Mittelalter*. Hamburg: F Meiner.

Russell, Bertrand. 1930, 1977. *Eroberung des Glücks. Neue Wege zu einer besseren Lebensgestaltung*. Frankfurt a M.: Suhrkamp.

Schleiermacher, Arthur. 1999. *Die Kunst, glücklich zu sein*, Hrsg. von F. Volpi. München: Deutscher Taschenbuch.

Schulze, Gerhard. 1992. *Die Erlebnisgesellschaft. Kultursoziologie der Gegenwart*. 2. Aufl. Frankfurt a. M.: Campus.

Schulze, Gerhard. 2000. *Kulissen des Glücks. Streifzüge durch die Eventkultur*. 2. Aufl. Frankfurt a. M.: Campus.

Schütz, Alfred. 1971. Über die mannigfaltigen Wirklichkeiten. In *Gesammelte Aufsätze*, Hrsg. Alfred Schütz, Bd. 1, 237–298. Den Haag: Springer.

Soeffner, Hans-Georg. 2004. *Auslegung des Alltags – Alltag der Auslegung*. 2. Aufl. Konstanz: UTB.

Tatarkiewicz, Wladyslaw. 1984. *Über das Glück*. 3. Aufl. Stuttgart: Klett-Cotta.

Tucholsky, Kurt. 1985. *Gesammelte Werke*. 5 Bd., 1927. Reinbek bei Hamburg: Rowohlt.

Ulfig, Alexander. 1997. *Lexikon der philosophischen Begriffe*. Wiesbaden: KOMET.

Utz, Arthur F. 1958. *Sozialethik. 1. Teil: Die Prinzipien der Gesellschaftslehre*. Heidelberg: F. H. Kerle.

Weber, Max. (1921) 1980. *Wirtschaft und Gesellschaft*. 9. Aufl. Tübingen: J. C. B. Mohr.

Weber, Max. (1920) 1988. *Gesammelte Aufsätze zur Religionssoziologie*. 3 Bd., 9. Aufl. Tübingen: J. C. B. Mohr.

Wolf, Ursula. 1999. *Die Philosophie und die Frage nach dem guten Leben*. Reinbek bei Hamburg: Rowohlt.

Lightning Source UK Ltd.
Milton Keynes UK
UKOW07f1146270115

245205UK00001B/75/P